আমিষ বিবাহ

বই পড়ুন... বই পড়ান...

আমিষ বিবাহ

তানিয়া চক্রবর্তী

আত্মজা

Amish Bibaho
By Taniya Chakraborty
Published by ATMAJAA PUBLISHERS
ওয়েবঃ www.atmajaa.com
ইমেইলঃ contact@atmajaa.com
ISBN: 978-81-934543-6-1

প্রথম প্রকাশঃ অগ্রহায়ণ ১৪২৪
নভেম্বর ২০১৭
প্রচ্ছদঃ মোস্তাফিজ কারিগর

প্রকাশক
আত্মজা পাবলিশার্স
বসন্ত কুসুম, আড়িয়াদহ, কোলকাতা -৫৭

মূদ্রণ
সত্যযুগ এমপ্লয়িস কো-অপারেটিভ ইন্ডাস্ট্রিয়াল সোসাইটি লিমিটেড
১৩ এবং ১৩/১এ, প্রফুল্ল সরকার স্ট্রীট, কোলকাতা - ৭০০০৭২

১১৮ টাকা মাত্র

এখানে সঙ্গীহীন ডাকিনীপাড়ায়
অজস্র সাদা চিঠি নিয়ে ঘুরি নিশিডাকে
এক কৌটো রক্তের জন্য...

ভোগ ঘেঁটে বেরিয়ে আসে সন্ন্যাসপর্ব

ভোগ ঘেঁটে বেরিয়ে আসা সন্ন্যাসপর্ব যেন কবিতা। কবিতা নিভৃতে বড়ো হয়, শিশু যেমন ঘুমের সময় বাড়ে, কবিতাও তেমন গোপনে, সুরক্ষায় বড়ো হয় বলে আমার মনে হয়। মানুষ নির্ধারিত হলেও মন যেমন নির্ধারিত হয় না তেমনই কবিতার শব্দ নির্ধারিত হলেও ভাব রহস্যেই থেকে যায়। কবি যদি নিজেকে ছিঁড়ে বেরিয়ে আসেন, ক্রমশ নিরাসক্ত হন, চড় খেয়েও ভ্রষ্ট না হয়ে ক্রমশ শব্দে ভর দিয়ে দাঁড়াতে পারেন সেটাই তার মঞ্চ। এ মঞ্চ কারো মুখাপেক্ষী নয়, আসলে বিচারক কেউ নেই। কালের, গতির গতির গন্তব্যের প্রেক্ষক নেই কোথাও কারণ গন্তব্যই তো নেই। আসলে পুরোটাই জীবন। জীবনের ভেতর বাইরে সবটা নিয়ে জীবন। জীবন হল সরলরেখা ও বক্ররেখার সমাহার। যাপন করতে করতে দর্শন তৈরি হয়, তা গ্রাহ্য না হয়েও তাৎক্ষণিক সময়ের দাবীদার হয়ে যায়, তাই পার্থিবের সামনেও অপার্থিব অবিভাজ্য হয়ে দাঁড়ায়। একটি অচেনা প্রক্রিয়াকরণ থেকে কবিতা তৈরি হয়, জন্মের পর তার গঠন দৃশ্যমান হয় কিন্তু আভ্যন্তরীণ কাঠামো মাত্রা অনুযায়ী বদলায়। পৃথিবী ঘোরার পিছনে যেমন কেন্দ্রাভিমুখী ও কেন্দ্রবিপরীতমুখী বল কাজ করে, গতির ভারসাম্যে যেমন ত্বরণ ও মন্দন কাজ করে ঠিক তেমনই কবিতার মাত্রা তার দিকেও যায় তার দিক থেকে বেরিয়েও যায়। এই বৈপরীত্যই বোধহয় সৃষ্টির খেলা। অবশ্য পুরোটাই বোধহয়...

বোধহয় পাঠকদের এই বই ভালো লাগবে, বোধহয় এই বই পাঠকদের ভালো লাগবে না – এর মাঝখানে রইল এই কবিতার বই 'আমিষ বিবাহ'।

বইটি প্রকাশের উদ্যোগ নেওয়ার জন্য আত্মজা পাবলিশার্সকে আমার কৃতজ্ঞতা জানাই।

তানিয়া চক্রবর্তী

সূচিপত্র

অন্যান্য প্রকাশিত কবিতার বই

কিছু একটার জন্য (২০১৩, পাঠক প্রকাশনী)
পুরুষের বাড়ি মেসোপটেমিয়া (২০১৫, সৃষ্টিসুখ প্রকাশনী)
রাহুকেন্দ্রিক ঋতুকাল (২০১৬, শুধু বিঘে দুই প্রকাশনী)
লম্পট (২০১৭, ছোটকবিতা প্রকাশনী, বাংলাদেশ)

আমিষ বিবাহ

গোধূলি বিবাহের পর
দোলনায় হলুদ পাতা দেখলাম
সঙ্গীহীন চড়লাম ট্রেনে
দু'পাশে ডাকিনীবাগান থেকে আসছিল শিস
বহুদিন আর কিছুতে ভয় নেই
বহুদিন আর তেতোকে তেতো লাগে না
সঙ্গীহীন সে ট্রেনে আছড়ে পড়ছে ঝড়
বুক থেকে হাল্কা করে টেনে নিচ্ছে কাপড়
এই অসভ্য বাতাসকে দারুণ লেগেছিল –
এখন গোধূলি বিবাহের পর,
ভাঙা পায়ার খাট আর মাছ ভাত মনে পড়ে
বুঝলাম এতদিন নিরামিষ খেতাম
বিবাহ গোধূলি হলে শরীর আমিষ হয় – আমিষ বিবাহ
বিবাহ গোধূলিতে ট্রেন পাগল হয়েছে
প্রাক্তন প্রেমিকের মতো হিংসায় খোদাই করছে নৈশ গুহালিপি
সমস্ত শরীরে সাঁড়াশির মতো চলছে ট্রেন
সিটে শ্বেত, বিকলাঙ্গ, অট্টহাসিময় কুচকুচে মৃতজন্ম
দুরন্ত ট্রেনের পাশে মৃত, মহান, বীভৎস উচ্চাকাঙ্ক্ষী ডাল
নিজের গা চিবিয়ে ওরা বানিয়েছে ডাকিনীবাগান
বিবাহ নামক বনভোজনের গোধূলি গায়ে-
বার্তা উড়ছে চারিদিকে
আর কিছু পথ পরে যেন বৈধব্যপ্রান্তে না তাকাই
ওখানে অকালবৈশাখীদের হাতে ছেঁড়া শিশ্ন
ওরা রাজকীয় পুরুষভোগে পুরুষখুনি হয়েছে
তাকালেই নাকি ব্যাগে ঢুকে যাবে
এক কৌটো রক্ত ও মরা পুরুষের খুলি –
খুলি, কী খুলি?
কী খুলব বলে
কী খোলাবে বলে ওখানে তাকানো বারণ!

তাকিয়েছি, ভয়ঙ্কর মসজিদ ও মন্দিরের সঙ্গমস্থলে
আধখানা চাঁদ এক সধবা গিলে খাচ্ছে
সধবাকে গিলে খাচ্ছে আরও আধখানা চাঁদ
এ কী বিবাহ, গোধূলি, আমিষ?
বিবাহ গোধূলিতে সারা শরীরে মৃত মাছের কানকো
শীৎকারের জন্য তবু বাঁচছে শরীর!
কিছু বুঝি এসেছে ব্যাগে, বারান্দায় লুকিয়ে রাখি
সকলে বলে জপ করো, মন্ত্রে – ধোঁয়ায়
ভস্ম করো অচ্ছুৎ এ অশরীরী মাত্রা
ষ্টেশনে এসে থামি, ট্রেন থামে না
ছিটকে ফেলে দেয়
এ কী আমিষ বিবাহ গোধূলি!
এখানে সঙ্গীহীন ডাকিনীপাড়ায়
অজস্র সাদা চিঠি নিয়ে ঘুরি নিশিডাকে
এক কৌটো রক্তের জন্য...

দৃশ্য

১
পূর্ণ স্মৃতি থেকে উঠে এল
কন্যা আর মা
ভ্রূণ ও ভ্রূণস্থ
আগামীতে এসব দেখব
কেবলই পাত আর পাতহীন – জীবন

২
ঘরোয়া মন্ত্রে উঠে দেখি
পাখা ঘুরলে মাথা ঘোরে না
ছাদ থেকে ফাটলের কান্না
এ জ্যোতিষ্ক বিহ্বলতায়
হাতে অনেক সুতো – শেকল

৩
হাত কেটে গেছে
দাগ বসে আছে – প্রেম

৪
পুতুলের নাক আঙুলের কাঠি
মন্ত্রহীন উন্মাদ ভিক্ষা
বাহবায়, বাহানায় ঘটে যাচ্ছে পাপ – রীতি

৫
ভাঁজ দেখে ফেলেছ
দেখে ফেলেছ নাভি
চোখ দেখেছ, দেখেছ স্তন
দেখোনি নাড়ি, মাটি, মা
সঙ্গমের আগে একবার মা বলো – ধর্ষণ

৬
পড়ে যাচ্ছি
দাবা খেলতে খেলতে
ধাঁধা হয়ে গেলাম
আমায় শূন্য করছ ঈশ্বর
আমায় শূন্য করছ না ঈশ্বর
জলজ হয়ে গেছি – ভোগ

৭
আমাকে উল্টে দেখো
আমি সরীসৃপ নই
আমাকে মেরে দেখো
আমি সরীসৃপ – রূপ

৮
এ কাঞ্চন, এ রাম, এ কৃষ্ণ
এ পাপী, এ বুদ্ধি, এ ভ্রান্তি
তরঙ্গে লাগাও শিকড়
চোঁ করে টানছে সবাই
ডুমুরের গায়ে শরীরী প্রবাদ
আর্থিক করো না সময় – ঋতু

৯
লাল আমরা দেখতে পাচ্ছি না
ডিম্বনিঃস্রাবী দিনে পাখিকে মুছি
ছোলাকে ভাষা শেখাই
অঙ্কুরকে আলো আর কালো – জন্ম

১০
ছাই আর আবীর
মৃত্যু আর শরীর
এ জৈবিক চক্র আমাদের
আকার ও প্রাকার – গঠন

প্রাণ

পার্থিব এ দৈত্য নাচ
    বিগ্রহ এ শাখায়
খামচে ধরে নাভির আঁশ
আমার আমি কালের কাছে
    ধাত্র হয়ে নামি –
জিভের নীচে ভ্রাম্য দেহ
দেখতে পাই – দেখতে পাই
মরুদেশের কচি পাতা শিশুর মুখে স্তন
কবি, তুমি তুন্দ্রা দেশে তন্দ্রা যাও
চরকা কাটি কিছু ...
চিলের জন্য ফাঁদ রচেছে, শরীর অর্বুদ
ঘুমের ঘোরে মূর্ছা যাও
শরীর ধরে পিণ্ডদান
আত্মা চড়ে দশায়
দশায় দশায় উপচে উঠি
আগুন নেশার স্বাদ –
নেশার ঘোরে ঘর ভাঙল
ঘরের মধ্যে নদী, নদীর মধ্যে ঘর
পার্থিব এ দৈত্য নাচ
    বিগ্রহ এ শাখায়...

ফাটল

ফাটল ছিল তাই
কপাল ই-কার থেকে আ-কারে নামল
পাতার মা খাদ্য জানে না
রোদ আর বহন জানে
মৃত্যুও এক বাঁচা, বাঁচাও এক মৃত্যু
কেউ কেউ টেনে আনে
কেউ কেউ অদৃষ্টপূর্ব বলে
আসলে জলেরও নিজের রং ছিল
অণুরা বিবাদী বলেই
অন্য কাউকে রঙের জন্য আসতে হয়েছে –

জন্ম
(উৎসর্গঃ গোঁসাই)

ফোয়ারা... ফোয়ারা... ফোয়ারা...
সে তো নির্বিবাদী কেন্দ্রবিহীন
অঝোর অশ্রুপাত –
এ অশ্রু অপাঙ্গ ভিজিয়ে আসে
দুগ্ধধারায় মিশবে বলে আনন্দে তার
চিকন সময় অভ্যাসে গড়ায়
নাভি... নাভি... নাভি...
এইখানেতে শক্তি এসে উচ্চস্বরে হাসে
স্থায়ী জুড়ে নদীর তট
অন্তরায় আত্মা বদল
আভোগ জুড়ে নাভি হয়ে উঠি
সঞ্চারীতে সঞ্চার হয় – রেণুপ্রধান শরীর
দেহ জুড়ে রাগ বাজছে
আত্মা জুড়ে রাগ বাজছে
দেহ-আত্মা প্রণয়িনীর ত্বক
ঘরের বাতাস হলুদ হলো
আকাশ কালচে নীল –
সাঁতার দিয়ে দ্বীপের কাছে আসি
ওই ভূ-খণ্ড জুড়ে উষ্ণধারায় জাগি
জাগ্রত এ দেহ যেন ঋতুরাগের খেলা –
মন্থনে এ ভ্রাম্য দেহ
নলি কেটে রসের জন্য ঘোরে,
তালিম পাওয়া সর্প চলন বিশ্বাসেতে ধায়,
দোরগোড়ায় কে এলো?
কে এলো এই মধ্যরাতে?
পুস্পস্তবক জাগবে বলে গোপনে ঘুমায়

ওহো ওহো ওহো
পর্যাপ্ত এ গঠনব্যাপী বাষ্প নেমে পড়ে
ক্রন্দসীর আহ্বানে কী যেন তীব্র হয়!
সমস্তমোচন ঊর্ধ্বশ্বাসে পাতাসমেত ঝরে
সেতু... সেতু... সেতু...
অঙ্গসমেত নাবিক এক তীব্র দাঁড় বায়
বহন যত তীব্র হয়
চলন তত ঋদ্ধ হয়
দাঁড়ার শরীর, পালক শরীর, বৃন্ত শরীর
এক বিন্দু এক স্রোত
আকণ্ঠ তার তরল ইচ্ছা
ইচ্ছা ধরে ঊর্ধ্বে ওঠে
ইচ্ছা ধরে নিম্নে নামে
মাচায় এসে রাত্রি বসে
পর্দা ওড়ে... পর্দা ওড়ে...
অন্ধ সে শ্মশানপুরী
জন্ম এনে দেয় – জন্ম এনে দেয়

পরি
(উৎসর্গঃ গোঁসাই)

নৈঃশব্দের গাথা এ
গাথায় গাথায় বাকল উঠে আসে
গুহা জুড়ে সর্বনাশী আহ্লাদেরা ডাকে
ডানা জুড়ে উল্কি আঁকা পরি
বিদ্যুৎ খেয়ে সময় নাচায় হাতে
হাতের রেখা বিসদৃশ, সুরায় ঢালে আগুন
পরি, হ্যাঁ পরি...
ডানা জুড়ে উল্কি আঁকা পরি
জিহ্বামৃত সিক্ত কোরক
কোরক প্রিয় প্রাণ
এ আত্মা তোমায় দেব বলে
বাতাস এসে আগুন বাড়ায় শুধু
বাঁধ-শক্তি রেণু ধরে, মকরন্দে ভ্রমর আসে
তালে তালে জিহ্বা দোলে
কটিবন্ধ ছিন্ন হলো
প্রয়াগে বসে সুধা খাই, ঘুরে ঘুরে চক্র হই
চক্র থেকে পিণ্ড হয়ে কেন্দ্রে এসে নামি
জলের জন্য জল শুষেছি
চক্ষু জুড়ে পাথর ভাঙার নেশা
পরি, হ্যাঁ পরি...
ডানা জুড়ে উল্কি আঁকা পরি
প্রাচীন এ গিরি 'পরে নৃত্য করে পরি
পাগল সে বেগের ধারা নক্ষত্র খসায়
সমস্ত জ্যোতিষ্ক দেখে আলোর কাঁপন
অগ্নিমুখে ভূ-ত্বকের চিহ্ন আঁকে সে
ঊর্ণনাভ... ঊর্ণনাভ... ঊর্ণনাভ পরি

জোয়ার
(উৎসর্গঃ গোঁসাই)

জাগ্রত বাতায়নে স্বপ্নের আঁশ উড়ে আসে
স্বপ্নেই দেখি কী তীব্র জাগরণ!
দূরত্ব এক নির্বাচক
মুক্তি হলে নির্বাচন ছিন্ন হয়
আকাশ যেন হাতের চেটোয়
পাতাল যেন শরীর ময়
দেবীর ঘরে অসুর এল
আলো মিশল অন্ধকারে
এ কোন প্রপাতে তালিম নেয় শরীরজোড়া রেণু
রেণুর জন্য জেগে ওঠে হাঁ-মুখ এক গর্ভমুণ্ড
পাতায় পাতায় ঘর্ষণ হয়, মাটি মাটি খেলে
ধুলো লেপ্টে প্রাচীন হয় জানুদেশের শিরা
গ্রহজুড়ে ঘন্টা বাজে, বাজে কাঁসর
নূপুর জুড়ে রাগিনী তার ঘাম শুকোয় শুধু
চাঁদ দেখি এক পাগলপারা
মেঘের মধ্যে সাঁতার কাটে
সাঁতার ওহো সাঁতার
প্রপাত যেন তীব্র নাচ
মুদ্রা ধরে মার্গ এসেছে
মার্গে যেন পৃথিবী নামে
গোলক শরীর গোলক ক্ষুধা
গোলক ঘিরে বর্ষা এলো
ঘুঙুর ঘুঙুর ঘুঙুর
মধ্যযামে প্রলয় শিখা দপদপিয়ে নাচে
গিরিপথে যোদ্ধা পুরুষ ভঙ্গিমাতে ভাঙে
ভাঙন তার এমন হল প্রলয় হল শুরু
ঢেউ এর মধ্যে ঢেউ এসেছে
কেন্দ্র খুলে পরিধি ওড়ে, লাস্যময়ী খেলা
বীতংস সব ছিন্ন হল
রব উঠেছে... রব উঠেছে...
আয় বৃষ্টি ঝেঁপে – দেহ দেব সঁপে

দেহের মধ্যে দেহ এক
দেহের মধ্যে দেহ দুই
দেহের মধ্যে দেহ শতশত
জোয়ার জোয়ার জোয়ার
জোয়ার তুমি আসবে বলে
ভাঁটা লাগা মন আঁকড়ে আঁকড়ে ধরে
শ্বাসের জন্য শ্বাস উঠেছে
            ধোঁয়ার মধ্যে কাঁপন –
স্থিতির গতি পালটে গেল
গতি যেন জ্যান্ত হলো
প্রাণের মধ্যে প্রাণ ঢুকেছে
গতির মুখে ঈশ্বর এসে রান্নাবাটি খেলেন
সবে মিলে শিশু হলো
শিশুর জন্য দুগ্ধধারা গঙ্গা হয়ে যায়
গঙ্গাজলে গঙ্গা মা – গঙ্গাজলে গঙ্গোত্রী
আঁচল খুলে তন্ত্র সমেত দুগ্ধ খুলে খাই
ঠোঁটের এক প্রান্ত ধরে নদী নেমে যায়
ফুলকি তুমি আগুন হলে
গিরিসমেত ভূমির ত্বক কাঁপিয়ে দিলে
কাঁপন এক তীব্র ধ্বনি
কাঁপন এক কাতর ধ্বনি
শব্দ দাও, শব্দ দাও
শব্দ জুড়ে মৃত্তিকা হয়ে লেপটে লেপটে যাই
ভূমি তখন আলো ছায়া
ছায়া আলো বৃষ্টি খেলো
বৃষ্টি খেয়ে রাত্রিপরি
ডুব দিল স্রোতস্বিনীর কোলে
উঠছে দেখো বাষ্প হয়ে
আবার ঝরবে বলে
ধারা হতে ধারা...
বহমান ভাঁটি এসে তটেতে ঘুমায়
মাটি জেগে ওঠে, সৌরলোকে বার্তা আসে
জোয়ার আসবে আবার
আবার আসবে জোয়ার...

আমিষ বিবাহ . ১৯

মহাযান
(উৎসর্গঃ গোঁসাই)

ইষ্টসিদ্ধির আগে, আরও আগে
ঝুরি এসে মাটিতে লুটিয়ে পড়েছে
পাতিত দেহে আকাশ ঘনীভূত-
        এ এক বাষ্পমোচন
আমি হৃৎপিণ্ড দেখতে পেলাম
নিষিক্ত আপেলের পেটে শিশু দানা দেখলাম
হৃৎপিণ্ডের ভেতর থেকে হোতা-
যজ্ঞের হোতা সাধিকাকে দেখছেন
এ তীব্র সুরাময় লাল বাগান
রং মিশে যাচ্ছে ফাঁকে
বুকের ওপর সাপ এসে পড়েছে
সাপের মধ্যে ব্রহ্মমাখা পুরুষ
দিগন্তমুখী চক্র তার,
চোখ দিয়ে সে শরীর নিল
চোখ দিয়ে সে প্রাণ দিল
নেত্র, মুণ্ড, ওষ্ঠ, জিহ্বা নাগরদোলায় ঘোরে
ঘুরছে দেখো, ঘুরছে দেখো-
দেবীর বুকে রাক্ষস তার শরীর করে খোদাই
পিশাচিনী ঈশ্বরী হয় তন্ত্রমুগ্ধ ক্ষুধায়
মিলন এক ছিন্ন জ্যোতি
মিলন এক বিন্দু গতি
মিলন রতি মিশল যখন - চক্ষু মহাযান

নিন্দুক

ওরা তোমায় সিন্ধুস্তোত্র শেখাবে
ওরা তোমায় ফুল ছুড়বে
ওরাই তোমায় মারবে
তুমি ওদের পুজো করো
ওরা ঈশ্বরের ভ্রান্ত চামড়া

ভান

অন্ধকারে নয় অবকাশে ঘুমোই
যারা যারা নদীর পাশে বসে আছে
চোখের খিদে নিয়ে
তাদেরই মতো লুকানো বাসনায়
বেঁচে আছি ভান করা ঘুমে –
পাহাড়কে অন্ধকারে রেখেছে আকাশ
তুমি নির্মল হলে
বিপরীত নির্মম হবে।

আমিষ বিবাহ . ২২

পাখনা ভরা বিষ

১

ছিল প্রেম, প্রেম ও আগন্তুক – সর্ষেক্ষেতে এসে জড়ো হল পঙ্গপাল, মা বলে ইস্ কৃমি ধরলো তোকে। দাঁত কাঁপা রাত!
আহা শরীর ও জনজীবন – মন খসিয়ে ডুবসাঁতার খায় আঁচল – বুক ও বিন্দু পাতা মেঝে – আমায় বলে লীলাখেলা রাত্রিমাফিক তোর।
হয়ে গেলাম ইছামতী নদী – ইছামতী বিশ্বাস করো গুহা শরীর, কোরক শরীর – ভুলতে গিয়ে আটকে গেল পাঁজর ভর্তি জালে – জলে শুনলাম ছলাৎ - ছলাৎ আমার বদনামেরা – ছলাৎ আমার জরায়ুজ প্রেম – এক শরীরের অশরীরী ভ্রম – মন, প্রাণ, শরীর বিন্দুতে শক্ত করে বাঁধা পকেট – পকেট ভর্তি আত্মঘাতী গোল – গোল খুলে খাও – খুলে দেখো, আমি তোমার মা – ভীষণ ভীষণ মা – দু'হাত দিয়ে উড়িয়ে দিলাম ফানুস – আগুন আমার ইচ্ছে খেল, ঋতু খেল – প্রেম যা ছিল, বিকার হলো – নাভি এখন ঠুকরে খায় চিল – কেন এমন সাদা ছিলাম! – জেদী রঙের জামভরা সেই কালশিটেরা – ও বাজ, এসে কালশিটে খা – আমায় মার মধ্যরাতে – কুপিয়ে মার – ছোবড়া দিয়ে খুবসে জ্বালা আগুন – আগুন ধোঁয়ায় চুটিয়ে করি ভুল – প্রেম দিয়ে খসিয়ে দিই বুক – খসাই এক ভালোবাসার জন্মছিদ্র শোক – খসিয়ে খসিয়ে দুপুর বেলা রোদের মধ্যে ঘুরি – মিথ্যে বলি না – পাটাতন ডোবার ভয়ে লুকিয়ে রাখি কিছু – হাঙর আসে – আমি হাঙর পুষি – জানি এই হাঙর খাবে আমায়, আমি তবু হাঙর ভালোবাসি – হাঙর এসো, পুষি তোমায় – আমার পিঠকে ভাবো ঢাক – অরীয় ভাবে ছিদ্র আঁকো তাতে – জোরে জোরে মুদ্রাঘোরে কাঠি বাজাও তাতে – দাগ জন্মাক – দাগী দাগী নামের জোরে দগ্ধ করো আমায় – দাগের নাম মাধুকরী – পাখনা জোড়া ভালোবাসার আঁশ – এ আঁশের গায়ে দমকা মাখাও ছাই – পিছলে যাওয়ায় বাঁধো – আমি এখন দেখতে পাই বঁটি – কানকো কেমন রক্তমাফিক কাঁদে – বঁটির আরো বুকের দিকে আসি – পাখনা ভরা বিষ – বিষে ভরা পাখনা

২

খামচানো এক নগর এসে ধরিত্রী ডোবায় রোজ – রোজ তার পিরিত দেখে জ্বলি – জ্বলতে জ্বলতে আহা লাগে – পাপগন্ধ খাই নিঝুম ঘরে একা – জিভ লুটিয়ে আনন্দ মাখাই – খামচানো এক নগর এসে মুদ্রা বোঝায় আমায় – আমি মুদ্রা বুঝি রোজ – মুদ্রা খুলে চেঁচিয়ে মরি – লাগে তখন ভীষণ লাগে – যখন পেরেকে কাটে হাত – যখন ছেলের গলা জুড়ে জ্বর আসে খুব – আমি হাঙর ভালোবাসি – পাখনাবিহীন রশ্মি খুঁজি – গলায় লাগে কামড় – কামড় খেয়ে গর্ব হয় – যে সোহাগে জ্বালা ছিল – আমি তাতে নিংড়ে নিই সুখ – ও পুরুষ তোমার মেঘলা এখন রোজ রোদে পোড়ে – খবর রাখো তার! – শরীর কত বোঝো! – বোঝো গলা কী বলে? কী বলে নাভি? আপাত সুখে উপচে উঠি – ধরিত্রী আমায় চাবুক মারে রোজ – পিঠে কেমন লালচে লালচে মারকুটে সব ভালোবাসার নকশা

৩

উঠোন জুড়ে কাপড় খুলি রাতে – বিছিয়ে রাখি শাড়ি – শায়া, মায়া সাপের গায়ে ছাড়ি – ব্লাউজ হয়ে মাকড়সা সব জালের জন্য ঘোরে – আমি ফাঁদের গায়ে পা রেখেছি – গোড়ালি জুড়ে রক্ত – আহা রক্ত যেন মাসের মধ্যে তিনদিনের সখা – তিনদিন আমি শাক্ত হয়ে গাঁজাই রাখি রত্ন – রতি, রত্ন পাপে মুড়ে জিভে লাগাই ঠমক – আমার সুখ জানে না বিষের কত মায়া – আমার দেওয়াল জুড়ে পিরিত লিখন হয় – ধুইয়ে দিই, আবার তারা আসে – মধ্যরাতে আগুন নিয়ে নাভি নাভি খেলে – বিষকে ভালোবাসি- পাপের জন্য ভাগশেষের নদী জুড়ে নর্দমায় রাখি মন – মনের গায়ে পাখনা খেলা – পাখনা জোড়া মরণ লাগে – মরণ আমার সুড়সুড়িরা আলগা করে লুকিয়ে ঘরে ঢোকে – নিশি এখন ভাঁজের মধ্যে বসে – আমি পাখনা খুলে দেখাই – পাখনা ভরা বিষ – বিষে ভরা পাখনা।

কবি বলেছেন
(উৎসর্গঃ যে কবি বলেছেন তাঁর প্রতি)

১

কবি বলছেন
                গূঢ় ও মূর্ত হয়ো না
কবি বলছেন
                শুকনো ও ধূর্ত হয়ো না
পাঁকের মধ্যে পোকা ও পদ্ম
কবি বলছেন
                কঠিন লেখো নি
যারা বুঝিনি তারা কঠিন বলেছি
        -     শেয়ালের যেমন আঙুরপ্রীতি
একটি তীব্র ফাঁক
ফাঁকি দিয়ে যায় তীব্র

২

কবি বলেছেন
                চক্ষু চড়কগাছ হয়
                চড়কগাছ চক্ষু হয় না
তুমি আয়না দ্যাখো
আয়না দ্যাখে না তোমায়
দেখে শুধু বিকল্প...

৩

কবি বলেছেন

       কিছু দিয়ে যাবেন

কবি বলেছেন

       কিছু বলে যাবেন

কীভাবে পদ্মপাতায় জল!

কীভাবে ঘরের মধ্যে জল!

কীভাবে মানুষ মরীচিকা হয়...

৪

কবি আরো কিছু বলবেন

৫

আমি ভাতের থালায় কাঁকর দেখিনি কখনো

কাঁকরকে দেখেছি ভাত হয়ে মরে যেতে

কবি কিছু বলবেন

আমি রোহিণী হয়ে বসে আছি

তাঁর জিভ বাঁচানোর আশায়...

কাজল

নদীর ধারে বসে সে আগুন বাঁচাচ্ছিল
তার জন্য নিয়ে গেলাম বাঁশি
সমস্ত নিভৃতি নিলামি করে সে সুর দিল
ভাঙাচোরা সুরে গোলার্ধ হারালাম
একথালা ভাত নিলাম তার জন্য
এক একটা গ্রাসে
সে খেয়ে নিল সকাল দুপুর সন্ধ্যা রাত
                    - গোগ্রাসে
বিনিময়ে একটা আমপাতায় একটু কাজল
আর কোথাও কাজল নেই
পুড়ে যাওয়ার জন্য জ্বালানি জমেছে নিয়তাকার –

ঈশ্বর ও ঈশ্বরী

গ্রহণ লেগেছে
আহা তুলসী, আহা চন্দন
গ্রহণ লেগেছে চাঁদে
ধসেছে শরীর – শরীর ধসেছে
এখন এ পূর্ণিমায় সাধক দেখব
দেখব অদম্য খেজুরে চাহিদা
গ্রহণ লেগেছে বলে সুন্দর সুন্দরী হল
              - ঈশ্বর হল ঈশ্বরী
যে ফাঁকে কেবলই সজ্জা
যে ফাঁকে কেবলই ছল
যে ফাঁকে মার্গ ও বিরতি
সেখানে নেমেছেন ঈশ্বর
আমরা অনাদি বলে উৎসের গায়ে ঘাম
আমরা সূচনা বলে শেষের গায়ে প্রেম
এ সমস্ত মিলন কেবলই সাধনা
সাধনার জন্য মেয়ে ঋতুমতী হল
সাধনার জন্য নদী খরস্রোতা হল
সাধনার জন্য খুনি তীব্র জ্ঞানী হল
যা কিছু ঈশ্বর তবে সবই ঈশ্বরী
যা কিছু নিয়ত তবে সবই নিয়তি...

মুদ্রা ধরা মার্গ

১ গুরু

ওহো ওহো ওহো
দীক্ষা নাকি খিদে
লিলিপুট দেশে ব্রহ্ম এসে নামে
আচ্ছন্নতার শিকারি অবশ হয় ক্রমে
মধ্যভাগে তুলে নেয় মন

২ অক্ষিপল্লব

ডানা নিয়ে নেমে আসছি
জাপটে নেব কাপড়ে
মুদিত সুখের জন্য পিণ্ডদান
শব্দাচারে ঘুমোও, শব্দাচারে ঘুমোও
সমস্ত লুকিয়ে রাখব তোমার নিঃশ্বাস অবধি

৩ গাল

এ শতাব্দীর চিন্তা মাটিতে পড়েছে
দূরবর্তী নদে তোমার অস্থি ভেসে যায়
চিকন ঘর্ষণে পুরুষ প্রশ্ন হয়ে ঘুরি
পড়ে যাচ্ছ না, তীব্র ধরেছি মুঠোয়

৪ তালু

ঈশ্বর নামবে বলে কাঁদছিলাম
এ ঘর থেকে ও ঘরহীনে
তরঙ্গ থেকে উড়ে গেছো কবি
তরঙ্গ শব্দে কেটে গেছো তুমি
তোমার অঙ্গে আমি তন্ত্র বসাই
রক্তজবার খোঁজ আর কখনো করব না...

৫ জিভ

আন্দোলিত শব্দরাজি
কে আসল ঘন রাতে যুবক না বৃদ্ধ!
কে আসল কচি পাতা না হলুদ শাখা!
নিক্কণে মজে গেছে ধাতুমল
রসিক তুমি ধাত্রের গায়ে কি দিয়েছ বুলিয়ে?
ঠিকরে, উপচে যারা বেরোচ্ছে
ওরা কি জিভের পোষ্য?

৬ ঠোঁট

শব্দ প্রহেলিকা চিন্তা বৃক্ষে
ধারাপাত হয়ে যুগপৎ নামি
একজোড়া শরীর বিদ্যুৎ ধরে
একজোড়া শরীর নলি কাটে
ফাঁকে করি সহবাস
গুহায় নামিয়ে সে মহাকাশে পালায়
দু'প্রস্থ চাপ দিয়ে অর্ঘ্য সাজাই...

৭ গলা

লম্বা এ রেখা
স্বামী ধরি নৈঋতে, উত্তরে প্রভু
পূর্বের আলো পশ্চিমে গলে
এ চামড়ার ঘরে প্রতিজ্ঞা ঘষে
মাঞ্জা শুকোই জ্বালামুখে বসে –

৮ স্তন

গুচ্ছিত অঙ্গ নাও
রব তোলো শিকারী
তোমাকে রজ্জু ভেবে
নূপুর খুলে দিলাম
দু'ধারে ঘূর্ণন যত, খুলে দ্যাখো গতি

৯ বৃন্ত

শুধু ছোঁয়া নয়
নটরাজ বলে কেকা, কেকা...
শুধু গান নয়
গুরু, পিতা, শিশু, প্রেমী
মিলে গেল বিন্দুতে
রাক্ষসী জন্মাল দেবীর ঘরে
নারীত্ব জন্মাল শিশুর ঘরে

১০ শিষ্য

আমি ধরে রাখব
এ নিঃসৃত মুক্তারাজি
গোঁসাই, গোঁসাই, গোঁসাই
প্রাণাধিক এ চিন্তাস্থল মিলে ছিল প্রয়াগে
যেখানে মৃত্যুর পর
শতাব্দী পুরনো উরুর ফাঁক
দীক্ষা নামল এসে মোহনার জলে
এ সকল স্বপ্নরাশি ধরে রাখব আমি
অযথা শিশ্নের কর্ষণ হতে
অযথা অসুরের দংশন হতে...

ঘুম

তুমি ঘুম, তুমি আরাধ্য ঘুম
বেঁচে থাকা জীবের মৃত্যুকামী পলিকীট তুমি
ঝড় বা আলোর থেকে পর্দা হয়ে দাঁড়িয়েছ
তোমাকে শনাক্ত সাদা বিছানায়
            কেটে রেখেছি টুকরো টুকরো আপেল
তুমি পরিবর্তিত হলে নখের বৃদ্ধি মাপি
আঁচড়ের শরীরে দেখি তুমি কতখানি নিশাচর!
হাতির পায়ে বাঁধা শিকলের মতো
তোমার বিছানার পায়া সন্দেহে মাপছে আমায়

ছুরি হাতে বসে থাকি
আমি এক জঘন্য ফলবিক্রেতা
সুন্দরের মৃত্যুতে আমার ডাক নাম
মাংসাশী বাজারের কসাই-এর মতো
তুমি ঘুম বলে আমি আদেখলা চাতক
জলের বদলে ঘাম দেখি
কলপাড়ে জমে থাকা ভুল হাসে
মিথ্যে ব্যবহৃত তোয়ালে
দাড়ির মতো গোধূলির ক্লান্তি শুষে নেয়
আমিও ঘুমোতে শিখি
তুমি নিরুচ্চার বলে ঘুমন্ত যন্ত্রণা হই

বিদ্যুৎ

বিদ্যুৎ এসেছে
চলকে চলকে চলে গেল জয়ের জন্য
বিদ্যুৎ এসেছে, বিদ্যুৎ শরীর চেয়েছে
শরীর ছুঁয়ে সে নেমে যাবে মাটিতে
আমার মৃত্যু চেয়েছে বিদ্যুৎ নাকি আমায়
সমস্ত অঙ্কুশ ছুঁড়ে দিয়েছি
ঝরে পড়ছে আলো, মুক্তি, বীজ
তাকে ঠোঁট দিয়ে চেপে রাখছি
ঈশ্বর তুমি তালুতে নেমেছ
দুই বিপরীত ভ্রামক
          এ পৃথিবী সামলায়
দুই বিপরীত কাম
          এ শরীর সামলায়
বিদ্যুৎ, ওহো বিদ্যুৎ...
সমস্ত রেখায় রেখায় মৃত্যুর আনন্দ
এ কার মুক্তি গ্রহণ করে বুঝলাম
          জয়ী হওয়া যায় –
আকাশের পেট চিরে দাঁড়িয়েছে ওষ্ঠাধারে
ঠোঁট ফাঁক করে শুষে নিচ্ছি তাকে
কার মৃত্যু ঈশ্বর!
মৃত্যু হয় না, রূপ অন্তরে যায় –
দৃশ্য বয়ে যায় –
কে তাকে ধরতে পারো?
ধরো, লুফে নাও
এ হাত থেকে ও হাত
ও হাত থেকে এ হাত
জাপটাও, ধরে রাখো বিদ্যুৎ
এত কেন সংবেদী সে?
বীজপাত্র হীন তার বিজিত শ্বাস
চমকে চমকে জ্বলে পালিয়েছে
বিদ্যুৎ, বিদ্যুৎ, আহা বিদ্যুৎ ...

আমিষ বিবাহ . ৩৩

বদনাম

বদনাম করেছ...
আর্য ধারাবাহিকের নারীকে
কণ্ঠ চিরে দেখাব রক্ত
ওখানে ঈশ্বর চাঁদ হাতে তপস্যা করেছেন
সমস্ত দুর্দিনে বাটিতে পরমান্ন দিয়েছি
বলেছিলে, এ তীব্র অসূয়ক দাবার জগৎ
বন্ধুতা থাকবে তীব্র –
বন্ধুর পথের আঁচড় দেবে আটকে
তোমারই আঁচড়ে এখন শতাব্দীর লালা গায়ে
পঞ্চভূতে সাক্ষী রেখেছি ইন্দ্রিয়
সমস্ত সমুদ্র যানে পাপ খুঁড়ে এনেছ!
অশ্লীল খেলায় মুড়েছ চাদর!
গুপ্তঘরে গেরিলা বাহিনী আছে জানি
কিন্তু মনে রেখো-
অশ্রুরা অচ্ছদে আসে
সৎ স্নায়ুর অভিমান মুচড়ে
যদি পারো – যদি পারো
বিশুদ্ধ ট্রাকে পবিত্র মা কে বহন করে
ছিঁড়ে নিও মধ্যচ্ছদা...
তুমি তো কোনো নারীরই সন্তান
যোনি থেকে নেমেছ মাটিতে
বুঝিনি কত সামনে ছিল বিষ!
কত গোলাপে ছিল খাদক পোকা!
যাকে তুমি নগ্ন কর
সে তোমার নগ্ন কালী মা...

নাড়ির আচমনে ধর্মগ্রন্থ জুড়ে কীভাবে কর বদনাম!
জানি, এটা খুনোখুনি গাছে ঝোলা ধর্ষিত নারীর যুগ
তাই তুমি যাজক হয়েছ ছেলে!
কিন্তু তোমারও শরীরে একটি নারীর ক্রোমোজোম
ঘোমটায় করে খেলা –
আমাকে নয় – বদনাম তুমি নিজেকে করেছ
এবার আগুন সাঁওতালি খেলা খেলবে
দেখে যেও তার উচ্চতা কতখানি...

উপগ্রহ

ক্লীব নখেই আর্তি দে
পোড়া চুল নুন দিয়ে খাই
নাবিকের তক্তাপোশে পাখির শরীর ঝুলছে
এবার যখন উড়ব স্পিরিট দেব নখে
গর্ভপুষ্প চামর নিয়ে ঘোরে
যারা সকাল সকাল মান খেয়েছি
জিভের বুকেই তেষ্টা
আজ না হয় কাল
বাড়ির ছাদেই উপগ্রহ ছিবড়ে করে রাখব –

আবরু

১
ছিবড়ে করি মশাল
নশ্বর এ প্রাণ উপচে উঠে
শীতল হতে চায়...
বর্গব্যাপী উষ্ণ কিছু ধারা
নাবিক তার আবরু খুলে আকাশ দেখে
কবি, তুমি বুঝি ঘুমিয়ে আছো!
তুমিও বুঝি অন্ধরাতে পাশা খেলায় হারো!
এখন আমরা শরীর নই
যন্ত্র বিনা যাত্রা হল শুরু
চিকন ঘুম, ঘুমিয়ে আছো!
ঘুমের রাজ্যে দেবত্র পাও খুঁজে
ভোর আসছে, চোখ নিভছে
এইমাত্র, এইমাত্র ফুরিয়ে গেলাম
না না জুড়িয়ে গেলাম যেনো

২
দেখি পাতার বিচ্ছেদ ঘটে
            পড়ে আছি মাটিতে
দেখি পোকা এসে শরীরে ঢুকতে চায়
দেখি কুক্কুরী মেনিকে দিয়েছে দুধ
বিজাতীয় ভালোবাসা হয় বুঝি!
আমি কী তবে পাতার ছিলাম!
নাকি পোকার জন্য পড়েছি মাটিতে!
মাটিতে সূর্যের দাগ এসে ফোটে
শুধু রূপ দেখি-
            দেখি রূপের অন্তর...

দেবী

১
দেবী উঠে আসলেন প্রাঙ্গণ থেকে
দেখলেন শহরের কেন্দ্র থেকে চুরি হচ্ছে মদ
মদের গ্রাহক কনায়
ঈশ্বর নাবিক হচ্ছেন কম্পাস ছাড়া
আসলে সব ত্বকীয় নষ্টমূল,
মূলের ঠিক রজ্জুতে
মেয়ে, ছেলে, বাবা, মা সকলে আঠা শুকোচ্ছে
স্বার্থ চুলকে ডমরু বাজানোর আঠা

২
দেবী কাপড় খুলে দেখালেন
দেবী কাপড় বেঁধে দেখালেন
জিভের নীচে শক্তি
শক্তিমাফিক তিনি মেলে ধরলেন পাখা
পাখা আর পাখার ঘর্ষণ
যাকে তোমরা যৌনতা বলছ
ওটা আসলে রূপান্তর

৩
দেবী শুয়ে পড়লেন
শিব রাখলেন পা

ধর্ষকামী, মুখকামী, পায়ুকামী
ছুটতে ছুটতে পড়ে গেল দরজায়
এবারে দেবী মানবী হচ্ছেন
পুরুষের স্তরে ভরে যাচ্ছে মানবিক আকন্দ...

৪
শীতল হওয়ার পর
মিথ্যুক হয়ে গেলাম
মিথ্যের পর খসে পড়ল শহর
আমার চাঁদ, আমার পেট –
আমার ঈশ্বর বলে কী আছে!
আমার প্রেমিক বলে কী ছিল!
আমার কী আছে
যাতে বাঁধা পড়ে গেলাম!
আহা আঠা, আমি শাক্ত হয়ে উঠছি

৫
এবারে ধর্ম নামাব
যে দেশে দশ-দশকে কোটি হাসে
সেখানে আবরণের জন্য কিছু আসে যায় না
এখানে পাঞ্চজন্য ও পিঁচুটির দর এক
এবারে ধর্ম নামবে, নামবে শ্লথ ন্যাকামো...

অন্ধ

অন্ধ আঁচল খসায়
অন্ধের পুকুর জুড়ে শুদ্ধশরীর
-পুণ্যিপুকুর ব্রত
পাঁচিল বেয়ে অন্ধ নামে
আলেয়া ঘরে মশাল জ্বালায়
পুড়িয়ে মারে বোলতাচাক
-মধুর শরীর মোমের খেলা
অন্ধ প্রেমবিরাগী একতারাতে রাগমোচন
পাপসোহাগী জ্বালিয়ে খায় ত্বকের রেখা
ওরা ছকের নীচে গ্লাস মেলালে
হিসেব থেকে ফুল খসে যায়
সূর্য ওঠো – সূর্য ওঠো
ইতুপূজার অঞ্জলিরা প্রাচীন দেওয়াল
বলো, আমার শরীর মায়ের শরীর
বলো, আমার শরীর তোমার শরীর
শরীর মেলে গুরুকুলে আত্মারসে
নষ্টা নামের পতনঘর
বেশ্যা নামের অন্তরীন
সাধনা নেই – জন্ম নেই
ভোগের গায়ে ভোগ লেগেছে
অন্ধ ভীষণ কানপাতলা
শরীর থেকে স্বেদ ঝরায়
গাছের নীচে ত্রিশূল আছে
মধ্যরেখায় তিরের ছবি
অশ্বমানব প্রেম নিবি না ধাত্র নিবি!
গাছের তলায় বর্গী খেলা...

ঋতুর দাগ

দ্বিধাবিভক্ত পা
অমাবস্যার মতো মেয়ে
তার দু'ধারে উন্মাদ পুরুষ
তারা দু'বাহুতে লুকিয়েছে নারীর ছিদ্র
তারা দু'বাহুতে ধরেনি নারীর স্তন
তারা দু'বাহুতে ধরেছে নারীর কপাল
এ আদেখলা অমাবস্যা
গতরাতে বিদীর্ণ হলাম স্বপ্নে, বীজমন্ত্রে
উন্নাসিক এ শরীর ধসে গেল
নাকি ক্রমশ পড়ে যাব বলে ভয়... ভয়...
কতখানি ধারণ করতে পারি!
কত ভর জুড়ে লাস্যের প্রপাত!
ওরা দু'ধারে উন্মাদ,
বুকে কেন রাখেনি হাত!
কেন কপাল চেপেছে!
সাধনার জন্য বুক ভিজে যাচ্ছে
গুরুভারে জরায়ুফুলে দাগ, আমি ভাসছি মা
স্বয়ং আমি, স্বামী, শাপ দেখতে পাচ্ছি
না আর কোনো কাজ নেই
শুধু শুনবো, ধরবো, ধরে রাখবো
সমস্ত ঘরে শুধু ভেলা
ভেলার চারপাশে জলছবি
কোন সে আঠাশের যুবক চূর্ণী দিল
জাগ্রত স্বপ্নে বীজমন্ত্রের কবচ দেখেছি
একই অঙ্গে প্রেমিকা থেকে মা, মা থেকে শিশু
শিশু হতে হতে মাছ হয়ে কাঁপছি
পাখনা জুড়ে শুধু রশ্মি
পায়ের ফাঁক দিয়ে বেরিয়ে যাচ্ছে রশ্মি
গলা ধরে আসছে, হলুদ মজ্জার শরীর –
আমি মৃত্যুর আগে কবির ঘরে ঘুমবো
আমি মৃত্যুর আগে মাছ হবো
পার্শ্বরেখায় ভরে গেছে ঋতুর দাগ...

আভোগ কলঙ্ক

গ্রাহ্য থেকে পীড়ন
খুলে দিচ্ছে দ্বার
ক্ষার উথলে যাচ্ছে শরীরে
কেউ নামছে – এক দুই তিন
স্থায়ী স্থায়ী স্থায়ী
কেউ উঠছে – তিনি দুই এক
ভেঙে ভেঙে গড়া রূপকের লাস্য
ভুল থেকে যে সুখ
সুখ থেকে যে পাপ
পাপ থেকে যে গতি
নৈবেদ্য ছড়াই তাতে – কাক এসে খায়
শব্দ, অহং, সুর, লয়
বুকের ভেতর থেকে ঠেলে দিচ্ছে স্তন
উথলে যাচ্ছে চামড়া আর ইহজন্ম
কেউ জ্বালিয়ে দিচ্ছে – কেউ নিভিয়ে
কেউ জন্ম দিচ্ছে – কেউ মৃত্যু
এ সমাহিত সঙ্গমে লেপটানো পৃথিবী
আভোগ কলঙ্কে ধুঁকছে
শ্বাসাঘাত পড়ে পড়ে মাত্রাহীন হয়েছে সব
অযুতে-নিযুতে যুতসই চামড়ায়
একত্রে উল্কি আঁকছে সাধক ও ডাকিনী
ডাকিনী রক্ত নিচ্ছে চেপে ধরে
সাধক পরাগ দিচ্ছে চেপে ধরে
সমস্ত গর্তে পৃথিবীর জৈব সার
চন্দন মাখিয়ে মেরে ফেলো এ জৈবিক ইহলোক
গ্রাহ্য থেকেই পীড়ন হোক – রন্ধ্র থাকুক শূন্য

পুতুল

প্রগলভ হয়ে দেখি
পাথরে পাথরে উদ্যান
একগুচ্ছ চুল একসাথে কেটে পোড়াই
ধোঁয়া লেহন করে শৌচাগার ধুয়ে দিই
চামার আমাকে বলো, ধূসর বলো না তবু –
ধূসর হওয়ার আগে
গা থেকে নামিয়ে দেব জাল
জাল খুলে সমস্ত কঙ্কাল দেখাব
করোটির কপালে ভবিষ্যৎ নিংড়ে
তাদের রাতের পৃথিবী চেনাব
জোনাকি লাগা চুল, পুতুলবাড়ির অশরীরী
কান্না দেখি তাদের
উদম পেটের ওপর দু'ভাগ বিপথগামী শরীর
জানলা মাখা উস্কোখুস্কো চুল
আলো টিমটিম এ প্রগলভ জীবনে
ধূসর শায়া ও ব্লাউজ উদ্যান
চাপা দিয়ে রাখা ক্লোরোসিস শরীর
তোমার ভুক্ত ও অভুক্ত মনের দিব্যি
শরীর নেভানোর আগে কঙ্কাল দেখিও
পথ ছাড়ার আগে সমস্ত সত্য বলে যেও
প্রাণ দুদিকেই ধ্বংসকামী –

আঁশ ছাড়াচ্ছি

আসলে আঁশ ছাড়াচ্ছি
ছাই মেখে পিচ্ছিল নিবারণ
আসলে গর্ত খুঁড়ছি
মহাকাল উল্কা ফেলবে
বৃষ্টি দেখব যজ্ঞের মাথায়
জলের পাতাঝাঁঝি ও সমুদ্র শিক্ষা
সব নিয়ে ঢুকব বন্ধুর গুহায়
গুহা আমার আগুন মা
আগুন বাবার শেকল খুলে
গলায় ঢালি জলীয় বিষ –
গুহায় এখন বিছানা পাতি –
প্রহরীর মেরুতে দামামা, শেকলে বাঁধি শঙ্খ
ওটা মাটিতে লাগিয়ো না
একবার লাগলেই ওরা দাগী হয়ে যায়!
অনেক সত্যের পর এখন মিথ্যের পাঁচন গিলি
শব্দ হয় ঢকঢক খসখস
একটা ঢোকে অনেকটা খসে যায়
আঙুলে যদি রক্ত থাকে
কপালে মাখাও তামাক-গুঁড়ো –
সমস্ত নাকের স্নায়ু ও ডমরু দিয়ে
সে আমার সন্ধ্যের চুল লুকিয়েছিল মানিব্যাগে
তার পেটে বানাব একটা আস্ত জরায়ু
দেব কালভার্টের রং আর জটিল ভ্রু
আসলে সে কতখানি জীবন্মৃত বিকৃতি
তা আমি চেখে চেখে দেখে নেব...

ফাঁস
(উৎসর্গঃ যারা বদনাম দেয়)

১

ফাঁস দেব না – ফাঁস নেব না
ফাঁসায় কে আর কাকে!
লুডোর ছক – পাপী তুক শিখছে
মধ্যরাতে ডমরু বাজায়
ফাঁস দেব না – শুধু দড়ি কিনব।

২

তুমি করায়ত্ত করবে
আমি ফাঁক বুঝে উড়ে যাব
বাড়তি কোলাজে বাঁধা প্রেক্ষকের মন
সীমান্তের দুই ধারে অন্ধ গুহা
গুহা জুড়ে মানবিক ঢেউ
যারা অধিকার মানে দীর্ঘ শ্বাসে ঘাত নিয়ে মরে
যারা অধিকার মানে না
তারা ছটফটে ঋদ্ধের অনন্ত সুর
তুমি করায়ত্ত করবে
আমি ফাঁক বুঝে উড়ে যাব...

৩

ফুটো চালের পিঠ দিয়ে ঢুকছে কাকের কাকুতি
আমি ভস্ম হই না –
আমি তিনদিন বিরতিপর্বের নারীশরীর নই কেবল
মুহূর্ত বেগে খসে পড়ে অজস্র পুচ্ছের মালিকও নই-
আমি তৃতীয় সত্তাকে লালন করে কোনো মিশেল বানাতে জানিনা
আদি থেকে অন্ত অবধি আমি একটি চারণক্ষেত্র অবাধ!
ক্রমশ ঢুকে, কুঁচকে, অগ্ন্যুৎপাতে, কম্পনে, পরিবর্তিত...
ওরা আমার পিঠে চড়েছে কেবল –
সর্বত্র আমারই পিঠ
পিঠের কোনো দ্রাঘিমা নেই
আমি শূন্যতায় সবচেয়ে রাজকীয়, ইতর ও বন্ধনহীন
অনন্তের প্রেক্ষক হয়ে লুটিয়ে আছি – জরিপহীন পথরেখা –
এ অবিনশ্বর ফাঁকে বেড়ে ওঠা ফাঁকির গভীরতা

না দেওয়া অভিশাপগুলো

এভাবে ফেলে দিতে পারিনি
বহুবার সরিয়ে দেখেছি
আসলে না সরিয়ে পাথর চাপা দিতে হবে
এ সমস্ত আদিম আগুন ও রাশিকৃত ভুল,
কৃতঘ্ন এক প্রেমাঘাতের পর
আরক্ত কুণ্ডলী শোঁকা কুকুর ও ষাঁড় দেখি
দেখি কী ভীষণ লালে আমি ভক্তের উন্মাদ হয়ে
প্রেমের বদলে বিলিয়েছি ইস্ ইস্ ইস্ !
সমস্ত নিঃশ্বাস খাওয়া কুহক এসো,
দেখো, কী ভীষণ চামড়া আমি!
চোখ, ঠোঁট, স্তন আমাকে আত্মা হতে দিল না
দেখো, কী ভীষণ চামড়া আমি!
সমস্ত নিঃশ্বাস খাওয়া কুহক এসো,
চামড়া খেয়ে বার করে আনো আত্মা...

দেওয়াল

দেওয়াল দেখো
দেওয়ালে পিঠ দাও, পিঠে দেওয়াল
পায়ের শিরায় রাখো কষ্ট
এবারে তীব্র হাঁটার কথা ভাবো
দেওয়াল দেখো
একটা ঘন প্রতিবন্ধক
তোমায় শক্তিশালী করে তুলবে ...

গিঁট

গ্রীবা, পুচ্ছ, চলন, মৃত্যু
লিপি খসে পড়ে ধাপ নির্মাণে
ধমনীর দেওয়ালে ডালিম বাগান
গার্হস্থ্য পাগল এক কুশাসনে
জাবরকাটে চিরুনিহীন ছেলে
অন্তঃক্ষরা দিয়ে টুপটুপ ঝরে বয়স
ইঙ্গিতবাহী ঈশ্বরের মুদ্রা বরফগাছে
ও রূপ পালটে গেছে কেলাসিত ধূর্ততায়
অসংখ্যরা দৌড়ায় – ঝিঁঝিঁ ধরা ছেলে
জরায়ুফুলে হাসি – প্রাক নির্বাচনী খেলা
কুশাসনে এসে দেখ কি সুন্দর কষ!
সকলেই ওড়াই ঘুড়ি – সকলেই
গিঁট কারো কারো লাগে

গাছ

অপর্যাপ্ত দিনে আমরা দাবা খেলি
নিশাচর হলে রাত শিরদাঁড়া দেখায়
পর্যাপ্ত রাতে আমরা কথা বলি
নিরুপায় সময়ে গাছ বুক চিরে দেখায়
এতগুলো পরজীবী সম্পর্ক
ভালোবাসা নয় সমঝোতা শেখায়
একটা গোটা দিনে
আমরা আস্ত গাছ হয়ে উঠি

তা থৈ থৈ যোনি

তা থৈ থৈ থৈ থৈ – জলে নেই কাদা – কাদায় নেই জল - জলকাদা খেলা হয় জলছবিতে – হাটি হাটি পা – পিঠ জুড়ে জলকণা – মেয়েটা ভালবাসছে – এটাই অপাত্রে হলে পাপাশয়। কুচো কুচো মাছ পায়ের কাছে – মেয়েটা পা চুবিয়ে দিয়েছে – মাছ কোষ খাচ্ছে – মেয়েটা দেবতার বিছানায় বসতে ভয় পায় – লাল দাগ – সূচকের খেলা – তা থৈ থৈ মেয়েটা আয়না মাপে – শরীর ঠিক আছে তো আয়না – আয়না ভেঙে গেলে কাচ – ত্বক জুড়ে রক্ত – গোলাপের ছেঁড়া পাপড়ি – মেয়েটা মুখে ওড়না দিয়ে সাদা ঘোড়ায় করে ঢোকে ব্ল্যাকহোলে – ওখানে যেখানে কোনো কেমো কাজ করেনা – দ্রুত বাড়ে কোষ – মেয়েটা পুং স্বার্থে জিনিস বহন করে – মেয়েটা ওভেনে নখ পোড়ায় – বাড়তি শুকনো রেচন – মেয়েটা সারারাত জেগে থাকে – ভোরে হাওয়া আসে - সমস্ত শরীর জাগে – রশ্মির মতো পা জুড়ে কাঁটা – মেয়েটা জল থেকে পা উঠিয়ে নেয় – কুচো মাছ পাগলের মতো লাফায় – মেয়েটা জল নিয়ে বসে থাকে – থৈ থৈ জল – মেয়েটা ভেলায় করে পাপ কিনতে যায় পুণ্যের খোলসে – মেয়েটা গ্রিসের অভিশপ্ত পম্পেই নগরী – ভিসুভিয়াসের চূড়ায় শরবত কিনতে গেছিল – ওখানে বিষ ছিল – মেয়েটা একটা সরোদ হয়ে তরবারির খাপ পুজো করে – মেয়েটা প্লুটোর সঙ্গে সৌরজগতের পুজো করত – মেয়েটার পান্না ছিল না হাতে – মেয়েটা মায়ের নোয়া ভাবে – ওখানে শিরা দু'হাত জুড়ে শিরা কাঁপে – ও বৃত্তাকার চাকতিতে চারচাকার দিবানা হয়ে যায় – মেয়েটা উবু হয়ে বসে সাদা কাগজে বমি করে – বমির মধ্যে দিয়ে বেরিয়ে আসে সৎ প্রলাপ – প্রলাপ করতে করতে সে শাড়ি পরে – শাড়ির ফাঁক – চিচিং ফাঁক – পেট, স্তন, নাভি – মেয়েটা একটা শাড়ি হয়ে যায়! শাড়িটার রঙ কাঁঠালিচাঁপা – সম্পর্কের নাম মালকোষ – মেয়েটা নিজের আঙুল কামড়ায় – শরীর ছিঁড়ে রেললাইনের পাথরে ঠোঁট ঘষে – ঠোঁট থেকে ভাটিয়ালি রক্ত – ঠোঁটে ঠোঁটে বিক্রি হয় প্রেম প্রেম খেলা – পায়ে শিবরঞ্জনী – ঠোঁটের নাম আলম্বন কোষ – ও নাকি প্রলম্বিত যোনি – মেয়েটা সাপ হয়ে গেছে – শাপে ভরে গেছে কলোনির এসরেণু – মেয়েটা পাথরের গায়ে পরাগ খুঁজতে বেরোয়! পাকানো চুল – নিরবিচ্ছিন্ন নখ – প্রসিদ্ধ উরু – মিথ্যে ঠোঁট – অজস্র বাহবা – ছোবলের চাহিদা – মেয়েটা শাণিত তটে মৃত সন্ন্যাস খুঁজে বেড়ায় – মেয়েটা একটা ছেঁড়া হলুদ কাপড় – মেয়েটা কেবল একটা যোনি হয়ে যায়!

ফেনা

নেশার চোখে দেখতে এলি পৌষ মাসে
আগুন আর খোয়ায় ভরা হাত
ডোবার পাশে কেশর পড়ে আছে
আমরা এখন আংটি বদল
বিষ ও পায়ু জীবন
চিত হতেই ধূমকেতুরা ঝাঁটা
পিঠের ওপর দাগ – নেশার চোখ
হলুদ জবায় স্নান
ছাদের ওপর ছাতাপড়া
রিফু করি না, তালিও দিই না
শতাব্দীচোর – ফলের মধ্যে পোকা বীজ
সাবান দিয়ে মাজতে এসো
চোখে লাগাও ফেনা – ফেনায় ফেনায় যুযুধান
পিপের থেকে নামছে বেয়ে
নেশার জন্য ধান কেটেছি
শ্মশান জুড়ে নিঃশ্বাস এক, নিঃশ্বাস দুই
ঘুরিয়ে আয় ঘুড়ি
মাঞ্জা দিয়ে কাটিয়ে দেখা হাত
রক্ত ঝরুক –
যে রক্ত পর্বমধ্যে জমায় কোনো মেয়ে
পাতা পড়বে রেচনকালে
দারুণ জ্বলবে হাহুতাশের আগুন
রস হয়ে নামবে ভাঁড়ে পৌষ মাসে
-এবার তবে ফেনা

একটি খোলা কবিতা

আসো খাও, ধরে নাও
খুলে ফেলো, কী খুলবে?
পাপড়ি খোলো, খোলো বন্ধদরজা
খোলো মায়ের রান্নাঘর
খুলে দাও অচ্ছুৎ শৈশব
খুলে খুলে চুরমার করো
            রেচন, ন্যাকামো
                    আর নকল শ্লীলতা
রাস্তায় পড়ে থাকা সমস্ত খোলা
দু'হাতে জড়িয়ে ওড়াও –
যেন গথ শিল্প থেকে তুমি জন্ম দিচ্ছ শিশুর
খুলতে খুলতে গ্রহ, উপগ্রহ আর কেউ না
কোনো নক্ষত্র নয় – কিছুতেই জোরালো অহং নয়
চিন-চিনে ব্যথা হয় যেখানে
ওখানে খুলে রাখো বিভাজিকার দ্বার
দাঁড়ি, কমা, সেমিকোলন
সব আসলে একটা হিংসার কৌশল
খোলো, উন্মাদ পাক্ষিক পর্যায়ে সব খুলে দাও ...

পুরনো গাড়ির চাকা

১

ধরিত্রী উপাসক বলে
ঋতু পঞ্চভূতে বিলীন ছিল
তাকে বুকের গুহা আর বিসর্গ দেখালাম
ধরিত্রী জিভের মাঝখান দেখিয়ে বলল
এখানে লালা পর্যাপ্ত
এখানে তোমার পুরুষ কামুক হবে
ধরিত্রী মাঝরাতে মাছের মাথা চিবোতে দিল
আর চক্রকালীন সুদ-এর মতো
কপিকলের সামনে এসে দড়ি দিয়ে মুড়ে দিল তলপেট
আমার পা তখন ক্লাচে
জং ধরা এক অশ্রাব্য ক্লাচ
তার গায়ে যত চাপ দিই
সব তালগোল পাকিয়ে যায়
ঠিক বোঝা যায় না কোথায় প্রেমিক ধর্ষক হয়েছে।

২

ধরিত্রীর দেওয়ালে ছোপ ছোপ পেচ্ছাপের দাগ
সেখানে আমাকে উপাসনাগার বানাতে বলা হয়েছে
সামনে গ্রীক নাক আর একটি নৌকা
গেলা আর না গেলার মাঝখানে
একটা চর জেগে উঠছে –

৩

ধরিত্রীর গায়ে একটা গাছে আমি প্রভু বাঁধলাম
আরেকটা গাছে প্রেমিক ও নিন্দুক
ধরিত্রীর ঠিক নলি চিরে ডিম্বাণুর কান্না
আর মূর্খ দমবন্ধ পুরুষের ছানাবড়া চোখ
ধরিত্রীর পেছনে গুপ্তদরজা ছিল

সেখানে আঁকা ছিল দংশনচিহ্ন
গোঁসাই এর চিহ্ন চুয়ে রাতের ডাক
আজানের মতো ঘোর লাগে
মধুবনী চক্রে কান্না কান্না হয়ে যাই
গুপ্ত, বৃদ্ধ, মচমচে দরজায়
কি যেন পবিত্র অবৈধরা ডাকে...

৪
এবারে ক্লাচ না চেপে
অ্যাক্সেলেটারে চাপ দিয়ে
স্টিয়ারিং এর অভিসন্ধি দেখি
এক গাঁট, দুই গাঁট, তিন গাঁট
চুড়ান্ত আগ্রাসী নিম্ফোম্যানিয়াক ভিড়
এক গাঁটে নেমে আসি
চাকা পিছলায় – ইন্ডিকেটরে শব্দ নেই
দুটো হেডলাইটের তাড়নায় দেখতে পাচ্ছি
ধরিত্রী ভাঁজ হয়ে বিক্রি হচ্ছে
পকেটে, ছুটির বিনোদনে, পেনিসের ভাঁজে
মস্তিষ্কের মুখবন্ধে আর বেলপাতা পড়ছে না
শিশু কাঁদছে – মা, মা – দুধ
দুধ নেই – দুধভর্তি জল, শুধু জল
পুরনো গাড়ির চাকায়
পায়ের তালু লাল হয়ে গেছে
বুঝতে পারছি দুর্ঘটনা ঘটে যাবে তবু মায়া
নিভৃতে গাড়ি চালাচ্ছি অলিতে-গলিতে

মায়া

সমস্ত ঘুম দিয়ে
দুঃস্বপ্নকে খুন করতে চেয়েছিলাম
কানের পাশ দিয়ে ছুটছিল গুলি
বলছিলাম মা শোনো,
আমি তোমাদের তাৎক্ষণিক মেয়ে নই আর
মাঝরাতে পেরিয়ে যাব পৃথিবীর ফুটপাত
জাহাজের ডেকে বসে বেঁটে নেব চন্দন
পালক ছিঁড়ে তুমি দুধ দিও
বাসন মাজতে আসা মেয়েটার মেয়েকে
যে রহস্যে ব্রেক আর ক্লাচ নিয়েও
ভুল করি প্রতিদিন
সে পৃথিবীর নিরাপত্তা কোনোদিনও আসবে না
মায়ারা এবার বন্দুক চালাতে শিখুক
এখানে চামড়া প্রমাদ হলেও
কালপুরুষকে খুলে দেওয়া যায় ইতস্তত স্তন
মৃত্যুর আগে একটি পিস্তল রেখে যাব চন্দন মাখিয়ে
সমস্ত মায়ারা ওখানে
দুর্বলতার চাপে একটুও হারবে না আর –

চ্যুতি
(উৎসর্গঃ যার কোনো শত্রু নেই)

বড় বড় চোঙাকৃতি ঘর
ঈশ্বর ইতরের জন্য জ্বালানি ভরছেন
চোঙাকৃতি ঘরে অবাধ্য রেচন
তরঙ্গদৈর্ঘ্য সবাই মেলাতে চায়
ঝিরঝিরে হাওয়া, গলে যাওয়া মানুষ
পরিচিত কলপাড়, সবুজ রঙও
এখন ক্যাকটাস বিদ্যা শেখে গাছ
চ্যুতি হয় – চুরি হয়
নিভৃতির চ্যুতি...

পিতা কিম্বা প্রেমিক

সারা ঘরে অর্জন করেছি ফড়িং এর ডানা
খাটের পাশে দানবীয় সূর্যশিশির
কাকবন্ধ্যা – একটিমাত্র দুধে শিশু
ঊষালগ্নে মা বলতে গিয়ে সে থেমে গেছে
আমার সারা ঘরে তার পিতৃজনুর ক্রম
ধারাবাহিকের পিঠে আহুতি দিই নাড়ির
জিভে কেবলই তিক্ত কোরক
কাগজের জ্বলনবিন্দু আর মিথ্যে শব্দে
ভরে গেছে নিবিড় জজ্ঞা
সারা ঘরে তুলসীমঞ্চের অক্ষত মাটি খুঁজি
যতটা সময় ওদের ছোঁয়া যায় না
ততক্ষণ শীধু মাখাই হাতে
শুধু ঝড়ই শরীর – শরীরই বৃষ্টি
ঝড়ের আদরে উড়ে আসে টিন
টিনকে বলি গলা কাট – গলা কাট
এ গলাকে কেউ মসৃণ সিঁড়ি বলেছিল
পরে বলেছে ওটা বলির মাংস
গলা কেটে একটা শিশু দে
ও টিন, একটা অনিবার্য শিশু দে
যাকে পিতা কিম্বা প্রেমিক বলতে পারি...

প্রতিষ্ঠান

ওরা অন্ধকার ঘরে শেকল বাঁধে
কলতানের ঝুঁটি আর টুঁটি চাপে
রবাহূতরা দেখেন গোলকৃমি
অনাহূতরা বলেন ইস্! অ্যাসকারিস
অশ্লীল শরীরে চাপা দাও কিছু
যত দিন না বৃন্ত নিষ্ক্রিয় হয় !
উদবর্তনের মুখে কর্ক চাপা দাও
          -ডারউইনের জিরাফ
এটা জাতীয় মন্থন
এখানে পিপীলিকার পাখা বেরোনোর আগেই
প্রবাদ ওকে মেরে দেয়

চলো বেঁচে থাকি

জল ছুঁয়ে বেঁচে গেছে যে দিন
সে দিন ছুঁয়ে চলো মসৃণ রাতে
ঝাউবনে ওড়ে উচ্ছল ধুলো
চকচকে চাঁদ এসে ধুলোমাখা গাল নেয় –
নেশাহত ঘর থেকে পালিয়েছি বহুদূর
দূর থেকে কারা যেন উলুধ্বনি...
শব্দসমুদ্র পেরিয়ে আসে,
গর্তের মুখে এসে জোড়া লাগে পালক
তটে বসে ভুলি সীমারেখা
বিষাক্ত সীমন্ত তুমি নাভির ঘূর্ণিতে
রেখে এসো চোরাবালি –
ভ্রান্ত নাবিকের মতো ওড়াও কাপড়
কোণে বসে যারা বিহ্বল দোলায় দুলছি
তারা আজ শ্বাসবায়ু ভরে খাই কর্পূর
চলো পালাই, তটে রাখি পা
পায়ে রাখি তট – সমুদ্র নিঃশেষে
চলো বেঁচে থাকি প্রকট...

আমিষ বিবাহ . ৬০

বন্ধনী

যা স্বর্গ থেকে আসে
অথচ স্বর্গ নামক পবিত্র স্থানের বাহানায়
তাকে মাপছি –
বিভক্ত শরীরের লালিত শ্লীল বার্তাকে
রেচন বলে প্রকাশ করছি
যা স্বর্গ থেকে আসছে
তাকে ঘরের মেঝেতে মোজাইক মডেলে
প্রলাপ শেখাচ্ছি
আসলে সুস্থ সমর্পণ সত্যিকে লুকায়
ছেঁড়া কাপড়ে প্রলাপ বকো
আসলে জন্ম একটা উত্তরণ নয়
ঘাসহীন মাঠে রক্তদানের জন্য
বিরুদ্ধ যুদ্ধে ঢাল নিয়ে দাঁড়ানো সৈনিক তুমি
জন্ম একটা পর্ব, যেখানে ফ্ল্যাশব্যাক তোমাকে
পূর্বোক্ত দর্শকের কাছে মার্জনা চাওয়ার জন্য ঠেলছে
স্বর্গ থেকে নয় নরক থেকে নয়
একটা সবুজ সুখের পিণ্ডতে বন্ধনী ছাড়া
তুমি আর বিশেষ কিছু নও

দায়হীন

দায়হীনভাবে বসে আছি আড়ালে
এখানে জল অরাজক বলে
ঝড়ের জন্য বসে থাকি
তটের কাছে আসি নির্বিকার
ঘাসের সমস্ত ডগায় ধারালো দাবি শিশিরের,
শিশিরের পাশে বসে প্রকৃতির তেজ খুলে আসি
দেখি, চন্দ্রিল মহিমায় কারো আদরে মূর্খ
                -আরো মূর্খ হয়ে উঠছি
ক্রমশ পাতায় পাতায় বিচ্ছেদ
চলো চাবি চালাই
একত্রিত হওয়ার পর মরতে চাই
ধুলোর সমস্ত ইচ্ছায় উড়িয়ে দিই মৃত্যুর অহং
গায়ে কাচ লেগেছে, রক্ত বলে নাচবি নাকি
পায়ে ফাগ লেগেছে, ভক্ত বলে হাসবি নাকি
নারী হলাম, নারীর পরে প্রেম
প্রেমের পর আদম বলে
শরীর তোর তুলারাশি, মেঘের মধ্যে জরা
জরার জন্য দেবী হবি, দেবীর আগে মা
ছবির ঘরে কাপড় রাখি, কাপড় ঘরে স্বপ্ন
প্রেম খুলেছে, প্রেম খুলেছে
জাঁকিয়ে আসে শীত ...

পাথর

মেঝেকে বলেছি
আয়...
আয়না চিরে দেখ আঙুর
মেঝেকে বলেছি
আয়...
সমস্ত শব্দঘরে কে যেন মেয়ে চোর!
পায়ে পতিত সে গাছ
কাছে এসে বলে বেড়া শরীর তার –
খিদে তার জঙ্গম – জনন ঘোড়ার ডিম
সাইবেরিয়ায় উড়ে যায় পাখি
কসাই-এর স্বপ্নে এসে লাগে পালক
চামড়া, বৃন্ত, শরীর, জন্মছিদ্র
সব বিক্রি হয় জলসত্রে
লাউডগা সাপের গলা শুকিয়ে আসে
সমস্ত ইউটিউব খুলে দ্যাখো
মাচার ওপরে সুন্দরী গাছ
আর শ্বাসমূলেরা অন্য পৃথিবীর দিকে পালাচ্ছে

আমিষ বিবাহ . ৬৩

দলিত

ভারী হয়ে যাচ্ছে আলো
শিরা চাপতে চাপতে
উড়ে যাচ্ছে কাটা ধান আর পাট
আর ঈষৎ মননশীল নির্বোধ ভালোবাসায়
নায়কের ঘরে ঢুকে যাচ্ছে দলিত
রাজটিকা আর গেরুয়া বসনে
অনুক্রম বোঝানো বাদীদের লেজ খসে পড়ছে
যা দেখে চোখ চিকচিকে চকচকে স্বপ্নের ঘোর
তাকে তুলায় বসিয়ে আতস কাচে দেখো
সময় প্রাচুর্য হলে চামড়া হারিয়ে যাবে
আলু চাষের পাঁচ ফুট দূরে
এক একটা ধাপচাষে
মেয়ে হয়ে যাচ্ছে মা – মা হয়ে যাচ্ছে মেয়ে
একটা শিলনোড়া দাও যার গাঢ়তায় মধ্যচ্ছদা চিরে দেখাই
চুমু ও জড়িয়ে ধরা ত্বকের ভেতর
কৃষ্ণগহ্বর ছায়াপথকে ল্যাং মেরে পালিয়েছে
খুলে দিয়েছে শরীর
মাতাল নদী আর স্তন
পৃথিবীর বুকে এসে দেখো
একটা খাল তোমার পাপের জন্য যমুনা হয়েছে
একটা পুকুর তোমার পাপের জন্য বৈতরণী হয়েছে
এবারে পা সরাও, খুলে দাও খাপ
নানচাকুর শীর্ষে বসাও দুটো রক্তবিন্দু
                    –নারী ও পুরুষের
সমস্ত মীমাংসার নাম দাও কাঠামো –

দ্বিধা

১
গঠন নেই বলে সকলে হাসছে
জাপটে ধরে ফসকে যাচ্ছে

২
এক্কা, দোক্কা, ছক, চাল
খসে পড়ে গেলাম অজান্তে
শরীর মহাত্মা হয়ে ছিনিয়ে নিল যোগ

৩
বাঁধা একটা নিয়ম
বাঁধা একটা আলস্য
মানুষ এখানে পাগল হয়ে যায়

৪
যা করছি তা গতি
যা করছি না তা যুক্তি
দুজনেই ছাই-এ এসে শেষ

লাল

বেয়ে বেয়ে উঠছিলাম
বুক গাছের ডালে ঠেকল
সমস্ত ডালে সিঁদুর আর পাতার কষ
মনে হল ধর্ষিত গাছের রজন পড়ে যাচ্ছে
স্বয়ং আমি পূর্ণতার আগে অবধি স্বামী ছিলাম
মোচন শেখাতে গিয়ে গাছ কাঠুরে বানিয়ে ছাড়ল
আমি ওর রক্তস্রোত দেখলাম
দেখলাম রক্তের তলায় জল
জলের তলায় অনন্ত জীবন
প্রেমিকের বুক থেকে খসে গেল আঁশ
সে সরীসৃপ বলে আমি বিবাহিত হব,
প্রত্যেকটা ঘরের একটি খিল
একটি শরীর ও একটি মন খুন করে দেয়
একটা শোধনাগার হয় যার নাম পাতিত প্রেম –

রাজনীতি

একলা রঙের ভেতর থেকে শব্দ হচ্ছে
হারিয়ে যাচ্ছে দ্রিমদ্রিম
মুখ থুবড়ে পড়েছি
এড়িয়ে যাওয়া পাঁচিলের একটা সভ্যতা
মুরগী না ডিম কে আগে?
আসলে সংক্রমণ আগে –
ফাঁকে গুজে দিচ্ছি আড়াল
ভিড়ের মধ্যে হাঁটা আসলে একটা রাজনীতি

জুড়িয়ে যাচ্ছি

জুড়িয়ে যাচ্ছি
কৌটো খুলে রাখো
মাঝরাতে ভেঙে দাও দরজা
এ এক রন্ধ্র
স্বচ্ছ বা অস্বচ্ছ
যে-কোনো কাপড়ে পেরোও রাস্তা
যা কোনো তাগিদে নয়
বাতাসের আদরে বাঁচতে চেয়েছিল
তাকে দেখিয়ো না উইয়ের গর্ত
সুপ্তির পরে যে লাভা বেরোয়
তা পুরো জনপদ ধ্বংস করে দেয় –

সমুদ্রে এসেছি বলে

সমুদ্রে এসেছি
তার জন্মের দিন পেরিয়ে
গর্জনে ভেসে গেছি
কতদিন-সূর্যস্নাত ছিলাম না তা বুঝলাম
সমস্ত ঋতুতে তার শোক করেছি বলে
সে এখন বারোমাস কাছে থাকে
সমুদ্রে এসে
নৃশংস নাবিকের হাতে শঙ্খ দিয়েছি
সে এখন জানতে চায়
এ শঙ্খ কি করে মাটিতে রাখা যায়!
বলেছি, যে মাটির আত্মা স্থিতু সেখানে নয়
স্থিতু হলে দাগ বিঁধে যায়,
চোরাবালি হব বলেই
শঙ্খ দিয়েছি তোমায়
এ কোনো যুগের পাঞ্চজন্য নয়
সমস্ত বেহিসাবি জীবনের নধর বর্জ্য –
নৃশংস নাবিক এখন সংশয়ে থাকে
শঙ্খ ধরে বসে ভাবে
এ বৃহৎ জলভাগের লিজ আর কতদিন!
সমুদ্রে এসেছি বলে চারপাশে কাঁটাতার –

অসুর

চিত্রকল্প ধরে নেমে আসে অসুর
হাতে তার দ্বিধা
রাস্তার মাঝখানে জড়িয়েছে শিরা
ধানের শিষের মুখ প্রতিজ্ঞা নিয়ে ঘোরে
যাচনার ধাপে এসে ইতি-উতি নড়ে
মোড়কেই মুড়ে রাখে জন্মের সন
নিয়তি দুষ্টু হাসে কত করবি কর!
যত না মাড়ির জোড়
তার চেয়ে দাঁতের প্রকাশ
সনাতনে ধরা পড়ে আসমুদ্রহিমাচল
নিরাকারে আকার থাকে, আকারে নিরাকার
দশমাস পরে এলে বীজেরা খালাস
কেউ কিছু ধরে নেই
সকলেই বেঁধে আছি – মূর্খামি তৎপর

রাক্ষস

সে নাকি লিঙ্গ থেকে প্রতিদিন
ছড়িয়ে দেয় ভয়ঙ্কর শ্লেষ।
সে নারীযোনির অভিশাপগ্রস্থ
কেঁদে কেঁদে কুলহীন একটা নদী বানানোর পর
সে তার ধর্ম খুঁজে পাবে মোটে একবার!
তারপর মৃত্যু হবে তার সংক্রমণে,
আমরা এদের কেবল মায়া দিতে পারি
আর দুটো টাকা, খাদ্য কিম্বা সামান্য পোশাক
এর বেশী কিছু দিকে
এরা রাক্ষস হয়ে যায়

শুদ্ধ

হাত ধরতে গিয়ে দেখি গাছ হয়ে গেছি
আর পৃথিবী ছোটো হতে হতে
শরীরকে দিগন্তরেখায় লিপ্ত হতে শেখাচ্ছে
মাটি আঁকড়ানোর অভ্যাসকে উপহাস করছে
আলোর সুদীর্ঘ প্রকাশ দেখে
            সৌন্দর্য খুঁজে পাচ্ছি
 আমার অনভ্যাসের স্থানে তুমি নুইয়ে গেছ
অস্তিত্ব বাস্তুতন্ত্রের চাহিদায় সফল –

উল্লাস শব্দে তোমার হাঁ-মুখ
                    রহস্যে ভরে গেছে
খুঁজছি আর মাটি ছেনে ছেনে
চাঁদের দাগে ছোঁয়াচ্ছি ঠোঁট
ক্রমশ শুদ্ধ হয়ে উঠছি...

সমান

ঘরে আগুন লেগেছে বলে
শরীরে পালক আর তুলসী
জন্মের পর্দা ছেঁচে পৃথিবীর দিকে
মুখ খুলে বসে আছি...
কেউ শীর্ষে নয়, কেউ নিম্নে নয়
একটা ঘোর, একটা নির্বাচন
পিঁপড়ে তুমি সংখ্যায় বাড়ো
মানুষ তুমি সংখ্যায় কমো
রস তুমি শর্করা বাড়াও
শরীর আগ্রহ চায়...
রস তুমি শর্করা কমায়
শরীর নির্বাক হয়...
জাল খুলে বসে আছে প্রকৃতি
আর মানুষ বাঁদর নাচে আকুল
একটা অনাবিষ্কৃত সন্ধি ও গিঁট
গিঁটের নাম ব-দ্বীপ, গিঁটের নাম নাড়ি
গিঁটের নাম ক্লিটোরিস, গিঁটের নাম জন্ম
গিঁটের নাম ভালোবাসা, গিঁটের নাম শুরু
ঘরে আগুন লেগেছে বলে
শরীর চাটনি হয়ে গেছে
মৃত্যুর আঁশ ঘষে ঘষে ভ্রূণ দেখছি...

আইসক্রিম

তুমি প্লেটে স্বচ্ছ আইসক্রিম কেটে দাও
কেটে দাও কাচের ফলক
সাদা গেঞ্জি পড়ে তুমি দাঁড়াও
চন্দনের গন্ধে ভরে যায় ঘর
চোখ দিয়ে প্রণাম হয়ে যাই
এখানেও সাক্ষ্য দরকার হয়
তবু মনে করি
তুমি স্বচ্ছ স্ফটিক খাওয়াচ্ছো আমায়
এখানে কেউ দায় নেয় না!
এখানে কেউ শিকড় হারিয়ে গেলে
পাতার কথা ভাবে না!
তুমি আনমোল বলে
আমি অণুর মোল-বিস্তার ভুলে যাই
কোনো ফাঁকে রোদ এসে কপাল কোঁচকায়
সেতুতে দাঁড়িয়ে পা কাঁপে
যখন শোনো আমি অসূর্যম্পশ্যা হতে গিয়েও
দাদনের খেলা খেলেছি কোনো নুড়ির সঙ্গে
বিছানায় বসতে দেওয়ার আগে ভাবো
যে মাছ তুমি বিদ্ধ করবে
ক'জোড়া ডিম আছে তার পেটে!
আমার সমস্ত আইসক্রিম গলে গেছে
চোখ দিয়ে ড্রেন বানাতে ইচ্ছা করছে
তোমার বুকে দেব তুলসীপাতা – দূর থেকে
দূর থেকে একটা আলো লিজ দেব তোমায় –

পরাবর্ত

এইভাবে না ছুঁয়েই পেরিয়ে যাব
ঘাট, শ্মশান আর মাতৃগর্ভ
তুমি আমাকে দেখতে এসো
শুরু করো চুল থেকে
একনিষ্ঠ প্রেম নাকি বিশ্বাসঘাতকতা!
বাথরুম, জল ও সিংহাসন পেরিয়ে
বেড়া ও তুলসীর মালা
দেশী পান্তা আর মদের অভিমানে
যুগল প্রেম হারিয়ে যাচ্ছে অসদ্‌বিম্বের দায়ে
নগ্ন পিঠের নীচে
যেখানে শরীর মানুষ ও গিবনের ভেদ
ওখানে পায়ুপাখনা দেননি ঈশ্বর
জলচর নই বলে- অভিশপ্ত অক্ষরেখা
অপাঙ্গ অশ্রু সহবাস করে
একটা প্রশ্নচিহ্নের বাইরে নিষিদ্ধ ও শালীন ঘুম
ঘুম ছোঁয়াচে হয়ে গেছে মীমাংসাহীনে
ভীরু চামড়া জুড়ে বশ্যতার পরাবর্ত

বীজ

এত বৃষ্টি...
যা ঝড়ানোর জন্য ক্রমাগত পা ধরলি
কে তুই অবান্তর!
ঋত্বিককে হোতা না ভেবে পর্দার গড়ন ভাবিস
আপেল নামছে নীচে
ওকে ওপরেও কেউ ঠেলবে
এটা সূত্র নয়-যুদ্ধ
সমস্ত পানের পিক আর ঋতুর রক্ত
যে রাস্তায় মিশে গেছে
সেখানে চটের হাওয়া লিঙ্গ শাসন করে ছ'মাস,
সেখানে অবৈধরা সমার্থক
ভালোবাসা বদলায় না – উড়ে কবিতাও হয় না
ও কোনো ভাঙা নাদাও নয়
ওকে বোঝার আগে পবিত্র ডাইনি হও
শরীর অশরীরী হলে ধাত্রজ্ঞান হয়
বৃষ্টিকে চুরি করার আগে
নামতে হবে পানাপুকুরে,
নদীতে, মোহনায়, খালে, সমুদ্রে
সমস্ত শরীর যদি একটাই অভিপ্রায়
তবে আয় নির্ধারণ করি বীজ
কতখানি মূর্ত ও মানবিক তা!
এ বৃষ্টির দায় মাটি নেয় না – ভান করে
ক্রমাগত খুনের পর গাছ দেখছে খুনি
মৃত পুচ্ছের সমস্ত বীজের হাহাকারে শোনা যায়
এরা জন্ম দেওয়ার আগে
একটা নাম নিয়ে গরম হবে শুধু
           -অনন্তের মাইক্রোওভেনে

স্যাটেলাইট

প্রতি রাতে ঝুমুর খসে পড়ে
পঞ্চভূতের জন্য টিকা বানাই
সমস্ত টিকার পাশে রাখি লিপ্সা
চামড়া টেনে টেনে একটা স্যাটেলাইট চুম্বন হই
গুহার জমে থাকা চামচিকার মতো
দাড়ি ও রোমকূপের জন্য নিড়ানি ভাবি
তুমি খাবার গেলো, আমি ওঠা-নামা দেখি
এত বড় রহস্যময় গলায়
সঙ্গমরত সাপের ছবি নেই তো লুকিয়ে!
আসলে এখন সবে আরম্ভ করেছি শরীর
শরীরের নীচে মরূদ্যান
তাঁকে ভাবার জন্য দুষ্কৃতি হতে হবে!
কৃতি হতে হতে যারা দুয়ো দিয়ে গেল
তারা কলপাড়ে লুকিয়ে খুলেছে লিঙ্গ
প্রতি রাতে তারা পেঁচার ডাক শুনে নিষিক্ত হতে শেখে
ঝুমুরের তলায় রয়ে গেছে তাদের স্তনস্বপ্ন...

প্রকাশিত

যতদিন দেওয়া হয়নি
ততদিন বুঝিনি
কীভাবে বাঁশপাতায় তৈরী হয়
শিসের অভিমান
যতদিন দেওয়া হয়না
ততদিন বোঝা যায়না
ঠিক কতটা দিয়ে দেওয়া যায় –
ছাদের কার্নিশ থেকে পড়ে যাচ্ছে আলো
এক ভিখারির পায়ে কুকুর, বুকে বাঁদর
পিঠে বিজ্ঞাপনী শরীরের দেওয়াল
শরীরে রঙিন টুকরো – আহা যৌনতা
শরীরে ছেঁড়া টুকরো – আহা উপোস
সমার্থক আলো ভাবছে ঊষা না গোধূলি
কোথায় দামি সে?
যতদিন প্রকাশিত হই নি
ততদিন বুঝিনি কতটা প্রকাশিত হলে
আর কিছুই আসে যায় না

নেশাতুর
(উৎসর্গঃ ভুলগুলোর প্রতি)

এক নেশাতুর আগুন
মরা মাছির গা পুড়িয়ে উড়ে যাচ্ছে
অনেক উঁচুতে ওঠার সময়
আগুন আর আগুন থাকে না,
বাতাসের বেহায়াপনায় মাটির ছোঁয়া ভুলে যায়
হে মরা মাছির গা পোড়ানো আগুন
ঠোঁটের দৈব থেকে
বিকল্প শ্বাস হয়ে পালাচ্ছে কেউ
অস্তিত্ববিহীন অস্তিত্বের আসকারায়,
এতটাও কোমল নয় আজ কেউ –
বিছানার ঠিক যে ধারটা রোদ আসে না বলে
জেনে গেছে সবাই
সেখানে নিষিদ্ধ ধুলোর আখড়া
তবু কিছু উষ্ণতা এখনও বেঁচে
যা তোমাকে পোড়াতেও পারে আবার
অথচ নির্বাচিত বৈধ দূরত্ব এখন –

মৃত্যুর পর

মৃত্যুর পর আমাকে আদর করো
কোনো আলোর ঘরে এসে রেখে যেও
রজনীগন্ধা
আরো রেখে যেও মাটির তলায়
জলের পাশে
যেখানে অনন্ত ঘুমের পিপাসারা
তৃপ্তির অতৃপ্তিকে ভালোবাসে
শুধুই ভালোবাসে
আগুনে রেখো না আমায়
রেখো না কোনো উন্মত্ত বৈধ খাটে
আসলে যারা ফুল দেয়
তারা ভগবানের পর দ্বিতীয় অপরাধী!
যে সারিতে কাক থেকে মানুষ অবধি
সকলে সমার্থক, সেখানে রেখো আমায়
দৃশ্যত কলোনিতে স্নান করিয়ে রেখো,
রেখো সুদৃশ্য অ্যাকোরিয়ামের ফুটো ছাদে
আর ভেবো, ঠিক কতখানি বৃষ্টির পর
মুছে যাবো আমি...